봄날의 연가

창작동네 시인선 185

봄날의 연가

초판인쇄 | 2024년 7월 10일
지 은 이 | 이현천 외10인
편 집 장 | 정설연
펴 낸 이 | 윤기영
디 자 인 | 정설연
펴 낸 곳 | 도서출판 노트북 **등록** | 제305-2012-000048호
주   소 | 서울시 동대문구 사가정로 256-4 나동 101호
전   화 | 070-8887-8233 **팩스** | 02-844-5756 **H.P** | 010-8263-8233
이 메 일 | hdpoem55@hanmail.net
판   형 | 신한국판형 135-210_P144

ISBN 979-11-88856-86-2-03810
정 가 13.000원

2024년 7월 봄날의 연가 11인의 영상시집

한국 현대시[韓國現代詩]

*잘못된 책은 교환해 드립니다.
*저자와의 협의로 인지는 생략합니다.

봄날의 연가_영상시집

낭송 정설연
낭송 김성천

QR코드를 스캔하면 낭송시를 감상할 수 있습니다

목 차

009_이현천

010...봄 마중
011...정월 대보름
012...그대는 무엇을 하시나요
014...춘심(春心)
015...봄
016...꽃샘추위·2
017...희망이어라
018...침묵
019...돌양지꽃
020...동백이 진다

023_김철현

024...봄은 사랑의 계절
025...변덕쟁이 봄비
026...꽃을 좋아하는 여인
027...봄의 풍경
028...봄이 오는 소리
029...꽃향기
030...수줍은 명자나무꽃
031...홍매화의 자태
032...봄볕
033...봄바람

035_손옥희

036...내 맘속에 고향
037...돌탑
038...홍매화·1
039...홍매화·2
040...비 내리는 날
041...숲속
042...이팝나무꽃
043...네잎클로버
044...꽃무릇
045...꿈꾸는 정원

047_송연화

048...매화꽃
048...봄나들이
050...능수버들
051...청춘아
052...외출
053...진달래
054...개나리꽃
055...옥수수 파종
056...산수유꽃
057...또 봄비

059_윤광식

060...마음에 추(錘)
061...부모 마음
062...짝꿍이 된 너와 나
063...곡예사 같은 사랑
064...친구 같은 만남
065...여행이라는 선물
066...만남은 사랑이야
067...봄비
068...신의 한 수
069...하얀 꽃잎처럼

071_이종숙

072...또다시 그 봄의 향기로움을
074...잠재된 그리움 한 조각
076...계련 여의봉 웃음
077...삶
078...시들지 않는 꽃이 되고 싶어
079...시선과 시선
080...찰나
081...망설이는 바람
082...자색 꽃향기
083...우리 서로에게 향기가 되자

085_이서영

086...봄이 열린 전주곡
087...포근한 아우라
088...꽃에 반한 겨울바람
089...새싹 백일 날의 놀이
090...봄과 겨울 사이의 빛깔
091...마음속의 정원
092...시각적 오감
093...빛나는 흔적
094...맥락을 타는 숨결
095...포물선 안에서

097_전양우

098...정지
099...매화
100...눈·1
101...조팝나무
102...구경꾼
103...미등
104...노예
105...꽃돔
106...눈·2
107...옥빛 당의

109_정성주

110...오는 봄 가는 봄
111...어둠의 터널에 서면
112...대관령 언덕의 하얀집
113...장마가 시작되니
114...초록의 진심마저
115...빈집
116...홀로 사랑하는 법을 배우며
117...내가 힘들면 산으로 간다
118...사회에 대한 편견
119...봄 편지

121_주효주

122...봄처녀
123...동그라미
124...당신께 물들어 버린
125...길목
126...어느 시인의 선물
127...봄이 준 선물
128...맑은 마음으로 살아보기
129...추억은 아름다워
130...여인 봄에 반했네
131...꽃씨

133_장정희

134...바위의 봄꽃
135...바닷가 정원
136...솔나리 연가
137...상고대의 눈꽃
138...분홍노루귀
139...변산바람꽃
140...봄빛 같은 그리움
141...봄의 합창
142...레드우드 숲의 나무들
143...경이로운 자연의 경관

창작동네 영상시집

怡每 이현천

. 충북 충주 출생
. 경기도 성남 분당 거주
. 현대시선 신인문학상(2021)
. '감성의 온도' '문학산책' 외
  동인지 참여
. 소래포구 시화전 외 시화전 참여
. 시 문학 활동 중

봄 마중

낭송정설연

내 어머니 생전에
먼 데서 귀한 손님 온다하면
며칠을 두고 바쁘게 지내셨다

방을 새로 단장하고
침구를 깨끗이 준비하고
맛 나는 음식을 마련하고
집안 여기저기를 쓸고 닦고

새봄이 멀리서
기쁘게 오고 있다
난 무엇을 준비해야 하나

그대여
귀한 진객 이 봄을
앉아서 맞을 순 없으니
우리 봄 마중 갈까요.

정월 대보름

삶을 키워가던 그 시절
달을 보며 빌던
어머니의 그 기도 덕에
지금을 살고 있습니다

커졌다 작아지고
밝아졌다 어두워지는
달은 여전히 그 자리에 있고
나 홀로 달빛 아래를
걸어 여기에 있습니다

수많은 기도를 담은 정월은
그렇게 또 커졌습니다
부디 슬픔 없고 아픔 없이
달 아래 삶을 살아 내소서.

이현천

그대는 무엇을 하시나요

누군가가
몹시 그리우면

어떤 이는
그 사람과 손잡고
걸었던 곳을 찾고

어떤 이는
그 사람이 보내준
오래된 편지를 꺼내 읽고
그 사람이 선물한 책을
찾아 읽는다고 합니다

또 어떤 이는
그 사람과 같이 살았던
마을을 다녀오고

또 어떤 이는
조용히 앉아 숨을 고르고
그 사람을 떠올려 추억을
회상한답니다

그대는 어떠신지요

찬바람이 허공에 가득한
이 겨울, 그리운 사람
하나쯤 떠올려 따뜻해지면
좋으련만.

이현천

춘심(春心)

터트리고 싶고
꺾어보고 싶고
들춰보고 싶고

모르는 사람일지라도
차 한잔 나누고 싶고
혼자보다 서넛이
어디 멀리 다녀오고 싶고
머물렀던 곳의 흔적을
뒤적이고 싶고

어릴 적 동무를 찾아
추억의 얘기를 나누고 싶고
뭐든 이해할 것 같고
누구든 용서할 것 같고
새롭게 오는 것들이
모두 신선해 보이는

그대의 봄마음엔
무슨 꽃망울이 맺혔으려나
난 그것마저 궁금하기만 하다.

봄

산 오르는 길을 걷다
제법 너른 비탈밭을 일구는
여인과 눈인사를 하네
바람은 찬데 흙을 뒤집느라
땀을 흘린다

산비탈 잔설 녹아내리고
햇살 잘 닿은 언 땅마저
풀려져 풍기는 흙내음이 좋다

-뭘 심으실건지요
-꽃을 심으려고요

아
봄이구나.

이현천

꽃샘추위·2

예쁜 이름 꽃샘추위
오는 봄을 시샘하는
까칠한 추위를 그리 부른다

세월 들어도 까칠한 나
무엇을 시샘하기에
그리 사는가

봄만큼 너그러우면
내 삶도 꽃이 필 텐데

추위 물리고
꽃피울 날만 기다리는
봄과 나, 꽃바람 앞에 선다.

희망이어라

회색빛 여명을
걷어내며
찬란한 아침 해 오른다
희망이어라

얼음장 녹아
흐르는 냇물
먼 길 바다로 향한다
희망이어라

누구도 머물려 하지 않는
거친 돌 틈새
민들레 새싹 올린다
희망이어라

신발 끈 고쳐매는
봄 앞의 그대
희망이어라.

이현천

침묵

그대
침묵으로 침묵하라
그리하여 경청하라

가슴에 가득한 갖은
소리들을 이해하거든
그대 빙긋이 미소지어라

이해될 때 짓는
미소만큼 아름다운 건
이 세상에 또 없다

그것만으로도 이미
넘어선 사랑일지어니

이젠 그리 살아도
충분한 삶이다.

돌양지꽃

돌양지꽃을 보셨나요

누구도 원하지 않는
돌 틈새에서 피는 꽃

누구도 찾지 않아
외로이 흔들리는 꽃

온종일 홀로 서서
새벽안개를 기다리는 꽃
안개에 덮여 하루가 오면
그제야 외로움을 털고
세상을 향해 활짝 웃는 꽃

안개가 품어주는 돌양지꽃
내게도 안개 같은
어머니가 계셨다
언제고 마르지 않도록
사랑을 품어주시던 그분

꽃이 피어 그리움
일어서는 또 봄이다.

이현천

동백이 진다

마량 바닷가 동백밭에
붉은 꽃들이 지고 있다

핀 꽃도 예쁘지만
져서 누운 꽃도 아름답다

세상에 그 누가
나를 위해 짙붉은 웃음을
웃어준 적이 있었던가

나 또한 그 누구를 위해
내 마음을 모두 내어준 적이
있었던가

동백 향기 은은한
나무 옆에서 염치없이
또 오르는 욕심을
밀쳐내려 애쓰는 나

동백은 지고
봄은 왔는데
이 봄이 지나간 봄처럼

느껴지지 않으니
알 수 없는 일

그저 동백만
무심히 뚝뚝 지고 있다.

이현천

창작동네 영상시집

김철현

거주 경기 광주
현대시선 문학사 신인문학상 수상(2023)
고교 백일장 시조 부문 입상
33년간 금융기관 근무
경주 흥무공원 시화전 참여
용인농촌테마파크 시화전 참여

시집
꽃보다 아름다운 그대 제1집

봄은 사랑의 계절

낭송 김성천

꽃이 피면 봄이 오고
봄이 오면 꽃이 피는데
내 마음 벌써 봄인 것을
꽃임은 언제 오려나

밤새 봄을 재촉하는
봄비도 왔건만
임의 소식 그립기만 한데
아지랑이 타고 오시려나

졸졸졸 흐르는 개울 물소리
송사리 올챙이도 봄이 온 줄 알고
꽃이 피니 벌 나비 봄을 즐기는데
임은 아직도 겨울잠 자는 건가

혹여나 보기 여쭙잖아
자는 척이라면
봄은 사랑의 계절 모든 것 감싸 주니
그 허물 보듬어 주리다.

변덕쟁이 봄비

봄에 오는 비는 변덕쟁이야
오다가 그치기를 반복하다가
마음에 안 차는지 함박눈 되어
하얀 망토 걸친 겨울요정 불러내네

봄비는 겨울에 미련 있나봐
꽃몽우리 필까 말까 망설이는데
쌀쌀한 겨울바람 데리고 와서
부르르 떠는 모습 즐거워하네

봄의 낭자 댕기 머리도
마음 둘 곳 찾지 못해 심란할 텐데
아는지 모르는지
관심도 없네

김철현

꽃을 좋아하는 여인

사시사철 피고 지는 꽃을 가꾸며
꽃의 향기 꽃의 미모
흠모하던 여인
어느새 꽃을 닮고 있습니다

철철이 갈아입는 옷의 색깔도
꽃 빛깔을 닮아가고 있더니
몸에서 배어나는 향기 또한
꽃향기입니다

여인의 마음씨가 예쁜 것 보니
꽃들도 예쁜 마음
벌 나비 사랑하는 님
다정하게 정성껏 품어 줍니다

여인은
꽃을 좋아하는 여인은
꽃이랍니다

봄의 풍경

봄볕 졸졸 개울물 따라가면서
남아 있던 수정체 녹여 줄 때
버들강아지 목마른지
배가 통통하게 마셔댑니다

담장 안에 개나리도
봄볕이 반가운지 뾰족뾰족
꽃눈을 살짝 뜨면서
노오란 봄비를 기다립니다

볕 잘 드는 퇴청 마루엔
할아버지 한참이나 눈 감고 있다가
살랑살랑 걸어오는 따스한 봄을
한 아름 품에 안고 할머니 찾아갑니다

김철현

봄이 오는 소리

계곡에 남은 잔설도
떠밀려가는 계절의 아픔에 신음하고
차가운 눈물은 수정체 된다

눈물방울 떨어지는 슬픈 사연은
산울림 되어 저 멀리 임 계신 곳에
전해지려나

어차피 갈 거라면 미련이나 두지 말지
한 맺힌 사연도 아닌 것을
싸늘한 추위를 몇 개 더 남겨두네

졸졸졸 흐르는 물소리 청아하고
봄은 벌써 버들강아지 위에
사뿐히 내려앉아 봄의 전령 되었네

꽃향기

계절의 전령
모양도 색깔도 없는
진달래 정원에는 라일락
봄을 알리는 그윽한 향기는
동내 아가씨 마음 설레고

들장미와 앞마당 백합은
그 향이 너무 진해
벌 나비 모여드네

한여름의 배롱나무(백일홍)
피고 지고 피고 지고
그 향기 그칠 줄 몰라
눈과 코가 호강하네

겨울을 재촉하는 들국화의 향취
노처녀의 시름만 더하는데

모진 추위 견뎌내고
피어나는 인동초 꽃
그 향기가
산사람들의 희망일세

김철현

수줍은 명자나무꽃

흠 없는 여인의 뽀얀 살결
명자나무꽃 속으로 스며드니
입술은 빨갛게 익어
달콤한 향이 님을 유혹하는구나

엄동설한 견뎌낸 까칠한 손등에
살짝 튼 흔적도 감추고
오롯이 님 향한 그리움에
성급히 입 벌려 님의 몸을 품는다

수줍어 잎으로 몸을 가리다
벗어놓았던 속옷 몸에 걸치고
떠나려는 님의 손을 살짝 놓으니
돌아서는 뒷모습이 야속하구나

꽃잎이 하나둘 바람결에 떨어져
님의 흔적 단단한 껍질에 가두었다가
이듬해 봄 싹 틔우니
수줍다 수줍음은 아가씨 마음
과연 명자나무꽃만 함이 없구나

홍매화의 자태

정원을 빨갛게 물들인
홍매화의 붉은 자태
땅속의 맑은 물을 머금고
핀 매화의 변색이 아름답다

물감을 풀어 칠을 한들
너의 곱디고운 빨간색을
만들 수나 있을까

네 몸속에 숨어있는
달콤한 끈적임은 천 리 밖
레이더에 걸려 모여드는 사랑꾼들
빨간색으로 물든다

김철현

봄볕

양지바른 밭두렁에는
쑥 냉이 혹한을 이겨내고
밥상에 오를 파릇파릇한 봄볕

개나리 그림자도 노랗게 웃고
목련꽃 그늘 아래에는
임에게 보낼 시를 쓰는 시인들

워낭소리 쫓아가는 송아지 보고
흐뭇한 미소 짓는
농부의 흡족한 마음은 봄볕

호수에 흐르는 윤슬의 향연
넋을 놓고 보고 있다
갈 길을 잊은 그대의 마음을
알 것 같으이

시냇가 풀잎마다 살포시 내려앉은
이슬방울 봄볕에 반짝이는 보석
시골의 봄 풍경은 경이롭구나

봄바람

봄바람은 살랑살랑
꽃잎 위에 살포시 내려앉아
멀리 떠난 임 소식을
옷깃 속으로 전달하니
그리움만 더해 갑니다

겨울잠에 뒤척이는 흰 매화
가지가지 스치는 봄바람에
기지개 켜고 몽롱한 꽃순들
하얀 속살 내보이며 웃는 모습
가련한 청상의 야리한 그림자

꽃 꽃마다 다른 향기
두루두루 조금씩 모아서
임 그리워 열어둔 창문으로
조금씩 살며시 불어 넣으니
낯익은 향기에 임 오신 줄 아는구나

김철현

창작동네 영상시집

지연 손옥희

거주 경북
현대시선 신인문학상 수상
현대시선 문인협회 총무차장
제12회 한국감성대상 수상(2023)
제14회 현대작가대상 수상(2023)
용인테마파크수목원 시비 참여
광주상림수목원 시비 참여
기흥호수공원 시화전 참여
경주김유신장군흥무공원 시비 참여

내 맘속에 고향

낭송 김성천

광활하게 펼쳐진 바다
해풍이 불어오는 짙푸른 바닷가
그리운 내 고향이 나를 부른다

해풍에 파도가 출렁이며
하얀 구름처럼 밀려왔다
부서져 흩어지는 포말

밀려왔다 쓸려가는 파도 소리
푸른 물결 위에 그리움이 보인다

꿈속에서 환하게 웃으시든
내 어머니 모습이 보인다

붉게 타오르는 일출을 보며
꿈을 꾸던 어릴 적 추억이
파도를 타고 내게 밀려온다

어머니의 품속 같은
포근한 바다를
내 맘속에 품는다

돌탑

깊은 산
산꼭대기에 누군가가
소원을 올려놓았다

세찬 비바람이 몰아쳐도
흔들리지 않고 묵묵히
그 자리를 지킨다

긴 침묵 속에 흐르는
누군가의 애절함이
돌탑을 타고 흘러내린다

숨 가쁘게 오른 산
떨리는 손으로 쌓은 소원은
애틋한 사랑이었나
애절한 몸부림이었나

어느 따스한 날에
누군가
활짝 웃음 짓는 이가 있기를

손옥희

홍매화·1

꽁꽁 얼어붙은 대지에
어느새
살랑거리는 실바람 타고 봄이 왔다

찬 바람이 무섭게 불던 날
나뭇가지마다 산고를 토해내듯
그 고통 견뎌내며
임 그리워 살며시 고개를 들었다

얼마나 그리웠을까
붉은 눈물 뚝뚝 떨어져
내 맘속에 스며든다

혹여나 잊지는 않았을까
조바심에 꽃잎 속에 품었던
그윽한 향기 온 대지에 뿌려놓고
향기에 젖어 다가올 그대를 기다린다.

홍매화·2

윙윙거리는 세찬 바람이
세상을 삼켜버릴 듯이
불어대던 날

붉은 꽃봉오리 살며시 내밀더니
떨리는 손으로 꽃잎을
한 겹 한 겹씩 펼친다

품속에 고이 품었던
그윽한 향기를 코끝에 내려놓고
고운 자태로 유혹하는 홍매화

지나는 뭇사람들이
발길을 멈추고
붉게 물든 꽃잎에 시선이 머문다

그들은 보았을까
임 그리워 떨어지는
붉은 눈물방울을

손옥희

비 내리는 날

줄기차게 비가 내린다
떨어지는 빗방울 소리

아름다운 선율에 잠겨
추억 속을 걷는다

빗줄기 사이로 아련하게
보이는 그리움 하나

다가서면 멀어지다
눈감으면 다가오는 그대

애틋하게 들려오는
그대 목소리

귓가에 꿈결같이 다가와
사랑 얘기 속삭이다 가

아무런 말도 없이 사라져
추억 속에 잠겼다

숲속

녹음이 짙은 숲속에
아름다운 새소리가
여름을 노래한다

어디선가 들려오는
맑은 물소리
싱그러운 내음에 젖어 들다

수풀 사이에 피어난
한 송이 노란 꽃에
발길을 멈춘다

바라보는 이 없어도
깊은 산속을 향기로 채운다

살랑거리며 산들바람이
꽃잎 사이로 지나가고

햇살이 다가와 고운 손길로
어루만지다 가겠지.

손옥희

이팝나무꽃

산들바람에 실려온
은은한 향기에 이끌리어
길을 나섰다

흰 눈같이 소담스럽게
피어난 이팝나무꽃이
하얀 미소로 나를 반긴다

길가에 꽃잎이 흩어져
하얗게 물들인 거리에
발길을 멈춘다

불어오는 산들바람에
떨어지는 꽃비를 맞으며
내 맘은 하얗게 물들고 말았다

네잎클로버

오솔길을 걷다가
네잎클로버에 내 시선이 머문다

녹색 이파리 사이에
피어난 고운 꽃을 바라보다
추억 속에 잠긴다

어릴 적 친구와
꽃을 꺾어서
꽃반지 꽃팔찌를 만들어
서로 끼워 주었다

꽃반지를 어루만지며
예쁘다고 소리치며
행복했던 그 순간들

이파리를 뒤적이다가
행운을 찾아
책갈피에 끼워 두었던
내 어린 꿈들이 그립다.

손옥희

꽃무릇

붉게 타오르는 아름다움
정열적인 너의 자태
뒷모습에 가려진 가련한 사랑아

선혈을 토해내듯
붉게 물든 가슴이
속절없이 임을 기다린다

언제나 오려나
그리움이 파도처럼 밀려와
맘속의 생채기를 남기고

붉은 너의 눈망울에
그칠 줄 모르는 눈물이
쏟아져 내린다

찢겨나간 쓰라린 맘은
애잔하게 세월 따라
그렇게 그렇게 흘러간다.

꿈꾸는 정원

황량한 벌판에
외로이 서 있는
한 그루 나목이 되어

비바람이 휘몰아치고
눈보라가 휘날리어 쌓인
인고의 고통을 끌어안는다

먼 훗날 이른 봄날에
가지마다 새싹이 움트고
꽃봉오리 내밀며
어여쁜 꽃을 피워내자

향기로운 향기에 매료되어
벌 나비도
따스한 햇살도
실바람도 쉬어가고
새들도 꽃향기에 취해서
고운 꽃잎 그늘에 쉬었다 가겠지

연습 없는 인생사
지친 이들도
잠시 쉬었다 갔으면 좋겠다.

손옥희

창작동네 영상시집

윤영 송연화

강원 원주 거주_한국문인협회 회원
한국문학 동인회 시 부문 신인상 2018년
계간 글벗 시조 부문 신인상 2020년
종자와 시인 박물관 (꽃물) 시비 2020년
글벗 문학회 자문위원
한국문학 동인회 이사
제3회 아차산 문학상 운영위원회 회장
세계 참 좋은 인재대상 (기자협회)
유관순 문학상 (문학신문 신춘문예)
윤동주 별문학상 (3회 문학시문사 동양문학)
행복한 비밀 시집 시선문학대상(2021)
국민행복 문학대상. 세계인재 문학대상
글벗 문학대상 2022년
제5회 영상시 신춘문학상 최우수상 수상(2022)
제5회 예술문학대상 수상(2022)
제8회 시담문학대상 수상(2022)
제11회 글로벌예술문학대상(2023)
저서
제1집 돛단배 인생 외
제26집 뜨락에 내리는 봄비

매화꽃

낭송 정설연

작은 꽃송이 알알이 맺혀
하얗게 피어난 매화꽃
향긋한 향기 코끝에
가득 휘감겨온다

봄의 뜨락을 찾아온
고운 봄꽃 향연에
맘은 수줍은 소녀처럼
설레고 콩닥인다

뿌연 하늘가 언저리
미세 먼지로 휩싸여
다소 불편한 날씨지만
꽃 데이트에 힐링

집 떠나 조금만 달려도
새로운 모습들 담아
마음 가득 채울 수 있기에
마냥 달달하다

상큼한 꽃향기 그윽한
나들이의 하루
뜨락의 매화꽃 담아
꽃길 자박자박 걸어본다

송연화

능수버들

늘어진 능수버들
비단결 머리땋아

닿을듯 찰랑찰랑
머리를 염색하여

잔잔히 흘러내리네
아름다운 연두빛

언덕의 바람돌이
짓궂은 소년되어

융단의 머릿결을
흩뜨려 놓는구나

즐기며 그네를 타듯
출렁이며 오가네

청춘아

붉은꽃 노랑꽃이
저마다 아롱지다

추운날 엄동설한
어제의 얘기던가

햇살이 따사로운 날
봄 아가씨 마중길

우리도 먼 옛적에
활짝핀 청춘이라

세월이 야속하여
할미꽃 되었구나

그래도 남은 인생길
마음만은 푸르게

송연화

외출

두 사람 나들이다
힘들고 고단한몸
일상에 지쳐가며
긴 시간 보냈었지
오늘은 즐거운 외출
드라이브 즐겼지

서울로 경기도로
한바퀴 돌고돌아
마음은 심쿵심쿵
즐기며 좋았어라
부부란 거룩한 이름
사랑하며 살리라

둘이서 이천 쌀밥
저녁을 해결하고
가게로 향하는 맘
삶의질 높여가며
두 사람 찐 사랑으로
행복하게 살리라

진달래

진달래 붉은 꽃물
앞산을 물들이고
그리움 풀어놓고
추억속 달려보네
흰구름 두리 두둥실
사연싣고 달리네

아버지 이맘때면
누렁소 앞세우고
밭갈이 이랴이랴
아리랑 부르셨지
지금은 그 어디에서
아버지를 찾을까

진달래 꽃이피면
목젖이 울컥이고
그립고 보고싶어
가슴이 저릿저릿
그리운 그때 그시절
돌아가고 싶어라

송연화

개나리꽃

하늘엔 은하수 별
땅에는 개나리 별
노랑별 조롱조롱
박혀서 어여쁘다
세상사 근심 걱정들
화려함에 잊었네

겨우내 봄이 오길
기다린 봄꽃 사랑
병아리 햇살한줌
개나리꽃 사랑아
뜨락의 꽃데이트에
봄 향기가 넘치네

햇살은 조근조근
꽃송이 펼쳐놓고
오가는 바람결은
꽃잎을 간질이네
나는야 꽃사랑 좋아
상큼해서 반했네

옥수수 파종

옥수수 씨앗파종
모판에 씨앗한알
손으로 쿡쿡눌러
씨앗 방 토닥토닥
흙 덮고 물뿌려주니
희망꿈을 꾸겠지

첫농사 시작으로
마음은 기쁨이고
한나절 공들여서
마무리 깔끔하게
개울물 끓어 올려서
살랑살랑 뿌렸지

날마다 사랑으로
발도장 눈맞춤에
손길로 다가서면
고운 싹 파릇파릇
세상 밖 소풍오겠지
꿈을 안고 오너라

송연화

산수유꽃

봄비가 다녀간뒤
노랑별 나뭇가지
조로롱 걸렸어라
기다림 끝자락에
애달피 만난 산수유
그리운임 오실까

파아란 하늘빛에
노랗게 물들이는
별꽃들 반짝임에
지나간 그 추억들
벗들과 어울려 즐긴
꽃나들이 그립네

들녘에 오는 봄날
살포시 반겼더니
꽃선물 안겨주고
잔잔한 감동이야
산수유 병아리 웃음
맘 홀리는 하룻길

또 봄비

하늘이 어둑하니
또 봄비 후득후득
뜨락의 매실꽃이
와르르 피어났다
마당가 향기로움이
남실남실 넘치네

파릇한 새싹들이
생기가 돌고 돌아
봄비에 흠뻑 젖어
빗방울 떼굴떼굴
꽃향기 오래 머물면
이내 마음 좋을 터

꽃 피고 새가 우는
고요한 시골집의
잡다한 살림살이
겨울을 몰아내고
대청소 물로 씻어내
말끔하게 치운다

송연화

창작동네 영상시집

윤광식

출생 충북 괴산
거주 서울 서대문구
현대시선 시 부문 신인문학상 수상
현대시선 문인협회 이사
제7회 감성테마여행 영상시 우수문학상 수상
제5회 창작동네 문학상 수상
제4회 현대시선 영상시 신춘문학상 대상 수상
제9회 코리아그랑프리창작 대상 수상
제1회 100세 도전 문학상 수상
저서
1집 바람 같은 인생 믿음으로 산다
2집 바람의 향기
3집 바람꽃
4집 당신이 머무는 그곳
5집 인연은 아름다운 인생
6집 만남은 사랑이야
시비 덕평공룡수목원, 용인농촌테마파크,
    상림수목원 김유신장군 흥무공원
정설연 시낭송집 1~4집 참여
공저 수레바퀴10 외 현대시선 문집 다수
시화전 광교. 소래포구. 기흥. 전곡항. 아차산. 외 다수

마음에 추(錘)

낭송 김성천

맑았다 흐리고 비가 온다

알 수 없는 하늘의 뜻
내 마음 나도 몰라
울다 웃다가 잠이 든다

내 속에서 나온 자식도
내가 모르는데
인연이라 만난 사람
사랑했다 미웠다 당연하지요

쥐뿔도 모르는 것들이 민의라고
세상을 흔들어 놓는 개소리
선과 악의 잔칫날
좋다고 날뛴다

너나 나나 속 모르고
시건방 떨지 말자
보이는 것이나 바로 보고
헛발질 그만하고
너 자신을 알라고 한다

부모 마음

바람의 세월 한결같이
애달픈 마음
사랑으로 바라보는 넋
고개를 떨군 채
허리가 굽어 빛바랜 육신
오직 너희들 살아가는 모습
육신은 죽어도
영혼은 고개를 못 들고
내려다보고 있다

윤광식

짝꿍이 된 너와 나

하나가 아닌 둘의 어울림
조화로운 콤비네이션
짝꿍이 된 너와 나 우리라고 말했다

누가 먼 저럴 것 없는 생각과 배려
마주하면 손을 잡고
눈빛을 보면 더 보드라운 미소
주고받는 이야기 해가는 줄 모른다

서로 떨어져 살지만
만남이란 마음을 묶어놓고
인연인지 이년인지
묘한 뉘앙스로 한바탕 웃는다

하얀 민들레가 되어온 당신
측은지심으로 도닥이는
삶의 연륜만큼이나 주고받는 마음
그대로 보듬어 가는 두 사람

나란히 우산이 되어
손잡고 걸어가는 황혼의 로맨스
사랑이 별거던가 그런 둘은 사랑입니다

곡예사 같은 사랑

봄꽃이 화사하게 피었다
개나리 진달래
노란 민들레 화사한 벚꽃
길섶마다 연록의 잎새
곱게 물들인다

봄을 맞는 꽃샘바람
사흘거리 요란스럽게
시샘하며 젖어오는 비바람
사천읍 봉수대 오르는 산마루 길
칼 같은 바람 싸늘히 불어와도
핑크빛 화사하게 피어오른
사랑의 미소 미묘하다

사랑이란 병도 주고 약도 주며
아옹다옹 더듬어가는
달달하고 시금털털한 맛으로
가슴을 덥혀주는
곡예사 같은 사랑을 하며
인생을 살아간다

윤광식

친구 같은 만남

친절하게 길 알려주는 사람
구수한 인생 여담
같은 목적지로 향하는
은혜의 길섶에서

마음을 덜어내며 기다리는
지하철 대기실
막간의 대화 속으로
사명감 같이 흐르는 이야기

윤회하듯 바라보는 카톡으로
광장시장에서
식사를 하며 반주 한잔
이렁저렁 일맥상통하는 대화
영양제처럼 거듭거듭
주름진 아픔을 풀어가는 두 사람

거추장스러운 날들을 지워가며
운명이라는 삶의 고해
인생의 밑거름 되었다며 호호호
친구 같은 만남 오누이처럼
황혼길 여여히 걸어간다

여행이라는 선물

세파에 시달려 파도타기
이젠 좀 쉬어가자
둘이서 떠나는 여행

질주하는 열차선로의 마찰음
스치는 바람의 유혹

밖에서 먹어보는 산해진미
숙박하며 맡아보는
짭짜롬하고 달달하니 비릿한
뭇 사람의 살 냄새
인생의 맛을 맡아본다

불어오는 파노라마
찬란한 별빛을 이고 있는 밤바다
하늘에 매달린 달빛
해맞이에서 노을빛으로 물들도록
익어가는 사랑의 빛깔

맞잡은 두 손에 젖는 그리움
가슴으로 흐르는 한줄기 사랑
물컹한 냄새 향기롭다

윤광식

만남은 사랑이야

인생이란 만남은 시작이다
만남은 사랑이야
사랑이 없으면
의미가 없다

한 번 두 번 다가오는 향기
잠자던 가슴에
스며들어
점점 물들어 간다

즐겁게 속살거리는 눈물
고맙다고 또 오겠다며
주름진 얼굴
수줍은 듯 엷은 미소

붙잡고 싶다고 말하면
서글프게 웃는다
지금 이대로가 좋다고
다음엔 멀리 꽃구경 가잔다

봄비

조잘조잘 다정한 목소리
연록의 예쁜 얼굴로
흐르는 눈물
살갑고 정겹다

보고 싶었다고
얼싸안고 살랑살랑
여린 입술로 입을 맞춘다

노란 눈망울
사르륵 흐르는 눈물
사랑해요
기다렸어요

연분홍 붉은 심장
살폿한 사랑
격정으로 떨고 있다

아, 우리의 만남 사랑이여
분홍빛으로 익어간다

윤광식

신의 한 수

참아내고 버티다가
너도나도 사랑에 취한 미소
행주치마 풀어놓고
양 날개 활짝 열어

보약 같은 사랑비 흠씬 맞는
애틋한 몸짓
쌀쌀한 바람도 아랑곳없이
날아든 벌 한 마리
폭 감싸 안는 붉은 얼굴

하늘도 응답하듯
속살을 드러내는 영혼의 몸짓
시시각각 황홀한 구름 꽃
수 없는 영혼의 넋 바람
온 산하 꽃밭을 흔들어 놓는다

오는 것도 가는 것도
신의 한 수 순서를 기다리며
그저 감사로 감복할 뿐
세월 앞에 도리가 없는 것 같아
숙연해지는 마음 하늘만 바라본다

하얀 꽃잎처럼

인생은 익어갈수록 아름답고
사람 같은 향기로 산다

외로움은 벗이 되며
독경하는 마음 여물어 들며
휴머니즘의 희로애락
식탁에 앉지 못하면 메뉴로 쓰인다며
제 몫을 다하려고 살아가는 인생

늙어 봐야 부모 마음 알아가듯
과부가 홀아비 사정 알듯
늙는 줄 모르는 아득한 그리움
사랑이라며 손을 내밀면
허물어진 연체동물처럼
울돌목 물살에 휘말려 가는 허무
흔적조차 없는 청춘

마음은 아름답게 익어가고
사랑을 물들이며
하얀 꽃잎처럼 웃는다

윤광식

창작동네 영상시집

高恩 이종숙

경상남도 하동 출생
2019년 대한문인협회 정회원
2023년 마산문인협회 정회원
2023년 현대시선 정회원
제1시집 나는 아직도 꿈을 꾸고 있다
제2시집 맞무는 시간들

♡수상
전국 짧은 시 짓기 장려상
백일장 동상
향토문학 작품 경연대회 은상
한국문학 예술인 금상
한국문학 베스트셀러 작가상
한국문학 올해의 작품상
현대시선 영상시 신춘문학상 최우수상

또다시 그 봄의 향기로움을

낭송 김성천

바람 소리가 봄을 깨운다
바람 소리가 싹을 눈 뜨게 한다

바람 소리가 과거의 아버지 소리로 피리를 불고
바람 소리가 어머니의 두레박 물결 위에서
저항의 한 잎 나뭇잎으로 떨어진다

언제부터인가 더 가까이에서
멀리 만년설 봉우리 사이로 펼쳐지는 형상들을
하나하나 떼어 봄 그릇에 담는다

잊고 싶지만
그때로 돌아가서 한 번 더 놀아보고 싶다
진달래꽃 한 아름 안고 선잠에서 깬 새벽빛은
현실에서 흔들리고

개나리꽃보다 싱그럽고 향기롭게 빛나는 우리는
호롱 불빛을 모아 두었던 시간으로 마주하고 싶다
바람 불어와 봄을 심을 때 그 설렘

그 떨림도 천막들로 둘러보아도
말간 그리움만 동그랗게 뜨는 해
땅속에서의 새로운 세상을 키우는

또다시 그 봄의 향기로움을 안아 보고 싶다.

이종숙

잠재된 그리움 한 조각

캄캄한 시간
완성되지 않은 맑은 수액이 흐르는 나뭇가지에

주렁주렁 매달려 천진난만한 정신으로
등불의 불꽃
많은 사람의 기쁨으로
다시 꽃이 피는 소망이어라

봄바람에 하늘거리는 그녀의 그리움
나지막이 내려앉은 별빛 사이로 펼쳐지는 형상들을
하나하나 떼어내며 물었습니다

그녀의 그 속에 사는 이야기로 사부작거리고
논바닥에 엎드려
김을 매는 나 자신도 어쩌지 못하는 그리움

그녀의 손에서 퍼져 나오는 물안개를
물끄러미 바라봅니다

물살에 휩쓸린 빛이
흔들리며 새어 나오는 입김처럼
내포된 믿음을 끝으로
가는 길에

작은 바람에도 감사와 고마움과 존경심이
하루하루를 만들어갑니다

나의 어머니 등잔불 사이 무언의 깊이는
새벽녘 차오르는 노을로 피어오릅니다.

이종숙

계련 여의봉 웃음

산은 조용한데 사람들은 바람같이 바쁘다

케이블카 타고 계단을 걸어서
유리 다리 지나 여의봉 꼭대기에 오르니
신선의 온기 온 산 연무처럼 피어오르고

지구본 속에 꽃잎 하나 날아다니듯

산봉우리 송이송이 버섯처럼 피어오르는데
주먹만 한 공간을 의지하며 걷는 노년의 동행

넘어질세라 서로 부둥켜안은
녹록지 않았던 삶의 불꽃
많은 생각으로 새처럼 날고 있다

해가 떠도 침묵하고 있는 인내력과 포옹
내가 나를 끌고 세상을 잉태하는 인생길은

차분한 관념이 황홀한 꽃으로
누군가에게 웃음을 줄 수 있는
인정이 살아있는 기억만으로
살고 있기 때문이다

삶

삶은
극과 극 속의 조율이다
온실 속에 화초 같은 생
풀꽃과 같이 몸부림치는 생

극과 극 속의 자생은 견해 차이이다

넘침과 모자람의 몸부림은
정신의 교란이다.

이종숙

시들지 않는 꽃이 되고 싶어

충혈되지 않은 바람은
꽃이 핀 자리에 다시 피는
시들지 않는 꽃이 되고 싶어

산 능선을 넘어 골짜기를 타고
마음이 머무는 호수에
다소곳이 피는 꽃으로
누군가에게 웃음을 줄 수 있는 색깔로 모인다

열정의 잔여가 가슴 반쪽에 아른거리며
기다리는 가벼운 마음을 환기하는
우리의 꽃이 되고 싶어
재갈 밭에 앉아도 모래밭에 서 있어도

서로 마주 보는 햇살과 사랑만 있다면
자생하는 물로 목마르지 않고
빛을 모아 꽃을 피우는

어제와 오늘 내일의 사랑은
우리의 향기로 빛나는
우리는 전등 불빛을 모아
희망 안 그린 사랑을 피워내는
서로에게 보석으로 살고 싶어진다

시선과 시선

마음이 닮아가는 공원 벤치에
두 사람은 나란히 앉았습니다

나무를 보는 시선과 호수를 보는 느낌
주위 환경이 한 사람의 마음인 양
말을 합니다

피부도 다르고
학문도 생활 환경도 다르지만
두 사람 언어 속에 에너지
물과 나무같이 서로에게 응원합니다

하늘의 높이만큼
바다의 깊이만큼
여러 가지 선이나 색채로
평면상에 형상을 그려 내는

장작불 타는 붉은 향기가
얼음을 녹이는 시원한 물줄기로
여백의 부피는 노래합니다.

이종숙

찰나

마음이 맑으면 하늘에 구름도 웃는다

신이 그를 사랑하는 마음으로
적의 심장을 녹이듯

비가 내리면 정신으로 맞고
눈이 내리면 가슴으로 맞는다

정신과 가슴은 육체의 하나인 것을
존재하는 그를 보듯

망설이는 바람

구름 속에 더위는
주위 온도에 따라
비가 되기도 하고
눈이 되기도 합니다

혼란스러운 숨소리
마음의 문을 여니
하늘은 푸르고 높습니다
닫힌 창문을 열어 보니

어제 공기와 오늘 공기가 달라
새로운 다짐으로
다시 채울 계획을 설계합니다

문과 문 사이
시각적인 각도에 따라
옳고 그름이 다칠까 봐

바람은 망설입니다.

이종숙

자색 꽃향기

어느 날 까치가 찾아와 기쁜 소식을 전하듯
새콤달콤한 사과 향 같은 언어로
그녀는 나의 심장을 두들깁니다

핀 꽃과 피지 못한 꽃들의 수식어를 열거하며
무채색 하늘에 피어오르는 그녀는
잊은 듯 잊지 못하는 그리움으로

그녀의 자색 모습이 손짓하는
앞마당 벤치를
물끄러미 바라봅니다

바로 그녀만의 시간과 시간에
중독된 바람은 초록 앨범을 뒤적이며
마음의 빈터에 주사위를 던집니다

멀리 있어도 가까운 그녀의 앨범은
때때로 수축하지 않은 그리움이 걸어 다닙니다.

우리 서로에게 향기가 되자

우주 안에 하나의 물체로 태어나
오감을 느끼고 말할 수 있는 인간세계에서
서로 향기로 살아봅시다

들꽃은 아무 조건 없이 살아나
무리를 이루어 서로 의지하며 피어
보는 이에게 즐거움을 주고 행복을 주고
사랑을 가르쳐 줍니다

작은 몸에서 피어나는 끈기와 인내로
서로 향기를 나누며
어울려 살아가야 하는 이유로 노래하는 색깔로
무리를 이루고 삽니다

혼자 산다는 것은 춥고 외롭고 아픈 것입니다
개울가에 힘없이 누워있는 갈대와 같은 것입니다

우리가 손을 잡고 숲길을 걷고
커피숍에서 눈길을 맞추고
가슴에서 정을 주거니 받거니 하며
산다는 것은 인생을 살아가는 맛을 알기 때문입니다

우리는 인생 맛을 우려내며 살아가는
삶의 쏠쏠한 즐거움이 되는 서로에게 향기가 됩시다

이종숙

창작동네 영상시집

이서영

〈약력〉*성명: 이서영 시인(개명전 이순복)
1963년 완도 출생
숭실사이버대학교 [방송문예창작학과] 졸업
[문예교육지도사]자격증 취득
짚신문학상 '우수상' 수상
문예사조 2014년 시부문 등단
현대시선 신인문학상 시, 소설 부문 수상
　　　　시나리오 부문 신인문학상 수상
현대시선 시선문학 대상 수상_영상시 문학상 금상 수상
　　　　예술문학대상 수상_한국감성대상 수상_낭송예술문학대상 수상
　　　　영상시 신춘 문학상대상 수상
저서: [아리아를 부르는 해바라기][이서영 창작노트]
[부활의 소나타] [나의 삶 가꾸기]
공저: 꽃잎편지, 수레바퀴, 안전신문고, 여행문화 잡지 칼럼 등
2021년8월~2022년4월까지 기간제 스미스평화관 안내데스크 근무
감성테마여행 제2집 영상시앨범 외 다수 참여
한국문인협회회원, 짚신문학회원, 현대시선회원
국제펜클럽회원, 짚신문학부회장, 현대시선 아차산문학상 부회장

봄이 열린 전주곡

낭송 정설연

잔잔한 햇살은 모모를 깨우고
움츠렸던 냇물은 봄을 타는
꽃바람으로 미소가 아름답다

묵묵히 꿈꾸던 나뭇가지에도
연둣빛 새싹이 돋아나는
봄을 외치는 매화꽃망울이
손자처럼 예쁜 희망이어라

고갯길 따라 번져가는 봄바람은
여기저기 부드러운 숨결로
생명주시니 기적이라고
모두가 알고 있는 그 사랑
오늘도 찬미하며 노래하노라

옷깃에도 향기롭게 매달린 봄바람은
휘날리는 깃발로 미소 담아
가슴마다 평화롭게 피어나니
세상이 보물이어라

포근한 아우라

햇살 좋은 길목에 눈을 뜬
연둣빛 작은 꽃봉오리가
향기로운 존재감으로 설렌 가슴
바다처럼 출렁 인다

꽃바람에 비가내리면
젖줄을 타고 길몽 되어
나뭇가지엔 푸른 꿈이
곱게 피어나오고

약속하지 않아도 찾아오는
봄을 맞이하는 마음은
신비로운 세상의 진미라고

포근한 여린 가슴은
사랑을 위한 테마 속에
빛깔 좋은 향기로
꽃잎 편지가 눈처럼 내리는
행복한 순간을 카메라에 담아

* 아우라 : 예술 작품에서 흉내 낼 수 없는 고고한 분위기

이서영

꽃에 반한 겨울바람

얼었던 대지위에
스쳐가는 봄바람은
꽃눈이 하품하는
넉살 좋은 봄날

머뭇거린 찬바람은
연둣빛 꽃잎에
다가서는 그 마음
사랑의 로맨스로
추상화를 그린다

봄바람과 찬바람이
섞이는 그 맛
칵테일이 입안에서
머뭇거리고
꽃향기에 취해 소멸되는
겨울바람의 잔재라고

눈이 되어 사라지는
꽃피는 봄날
모두가 알고 있는
그 느낌
꽃샘추위 속에서

새싹 백일 날의 놀이

봄 햇살은 거실에 반짝이고
연둣빛 새싹 옹알이로 생동하는
뿌리와 줄기를 젖줄삼아
오늘도 힘차게 햇살 담아 성장하고

나의 손자 백일 날인데
딸과 사위가 이사하는 날이라서
분주하게 바쁜 날이니 어쩔 수 없이
우리 집으로 손자를 초대하여
할머니로서 손자와의 하루를 보내며

뭐라 뭐라 옹알이하는 손자는
귀여운 미소로 시선 집중시키는
마력이 있나보다 손자의 표정과
칭얼거림에 우유 준비했는데 응가라고
상큼하게 처리했더니 즐거운 놀이시간에

성장 발육을 위한 발차기와 뒤집기로
음악에 맞춰 신나는 놀이 시간에 뛰어오는
우리 집 고양이를 처음 보는 손자는
신비스런 눈빛으로 고양이를 살펴보는
빛나는 눈동자로 세상 모든 것이
알고 싶겠지 살다보면 알게 되니까
그날을 위해 쑥 쑥 쑥

이서영

봄과 겨울 사이의 빛깔

북풍과 햇살이
소통하는 들녘에
연둣빛 고은 꽃봉오리
햇살 속에 머무르고

봄이라고 미소 짓는 마법에
정신 나간 북풍은 봄을 따라
하얀 눈으로 감싸 안고
모든 것을 얼려버린다

봄이 아닌 겨울의 설레는 마음
하얀 눈은 봄날의 입속으로
홀연히 사라지는 환희에
꽃망울 되어 하얀 빛깔
희망이라 외치는 소리마다

차가운 겨울 끝자락
봄을 맞이하는
신비로운 삶이라고
우리 앞에 펼쳐지니
모든 것이 소중한
보물이어라

마음속의 정원

옷깃을 스친 봄바람은
아파트 정원 산수유 나뭇가지에
미소 담아 동그랗게 피어나고

자세히 보면 알 수 있는
여러 가지 나뭇가지마다
상큼한 생명이 눈을 뜨는 봄날

햇살 속에 입술 내민 새싹도
샛별 같은 꽃잎을 준비하는
포근한 날의 일상은
꿈이 피어나는 삶이어라

봄바람에 나풀거린 내 맘 속에
희망과 소망이 피어나는
평화로운 정원에서 사랑이 넘치는
사람들의 얼굴에 꽃이 피고
우리가 살고 있는 여기는 지구촌

이서영

시각적 오감

우주에서 시공간을 타고 내려오는
빛나는 햇살은 망망대해 넓은 곳에
황금어장이 숨 쉬며 찰랑 거린다

옷을 입은 사람들은 개성에 따라
새가되어 멀리 인적을 깨우고
소가되어 묵묵히 일하며 걷는 길엔
너와 나의 든든한 마음이 통한다

사랑비가 내리는 날엔
보이지 않는 가슴앓이를 씻어버리고
햇살 아래 미소 담아 살아가는 오늘도
밝은 예감으로 오감을 열어 본다

스쳐 가는 바람결에 나풀거린 꽃잎이
내 가슴에 곱게 내려앉아 잊혀진
그리움이 피어나는 마음의 창엔
보기 좋은 꽃처럼 다채롭기를

빛나는 흔적

높은 곳에서 낮은 곳으로
흘러가는 물은 투명한 물방울로
우울한 넋두리 씻어버리고
강물이 바다를 만나는 넓은 곳에
하나 되는 만남이 솟아오르고

날마다 한결같은 땀방울로
버팀목 되어 황금이 쏟아지는
넉넉한 세상에서 만민이
손을 잡고 평화를 위한
노랫소리에 꽃이 피는 소망이어라

봄바람에 꽃잎이 휘날리는 가슴마다
낡아 흐릿해진 그림자를
새롭게 단장하여 삶의 맛 느껴보는
봄을 타는 길목마다 희망이 피어나는
빛깔 좋은 세상에서 그대에게

이서영

맥락을 타는 숨결

해와 달이 머무른 땅 위에
비가 내리면 흙속에 스며드는
부드러운 입술로 뿌리를 타고
동맥과 정맥이 흐르는 꽃이 되어

세찬 물줄기에 떠내려간
나뭇잎은 어느 곳에 퇴적되어
쌓여가는 잔해 속 옥토가
씨앗을 품은 아늑한 곳에
푸른 꿈이 피어나겠지

비밀스런 땅속에서는
맑은 물이 샘물 되어 솟아오르고
달콤한 생명수로 살아 있는
숨결 되어 전하는 이곳에

너와 나는 꽃이 되어
향기로운 마음들이 곱게 피어나는
맥락을 타고 평화롭기를
걸음마다 삶이 빛나는 오늘

포물선 안에서

별 하나의 지구가 태양을 중심으로
궤도를 돌고 있는 우리는 느끼지 못하는
포물선 안에서 넓은 땅을 밟고
하늘이 주는 햇살아래 살아가고 있다

내가 태어났던 근원의 뿌리는
어머니 아버지의 DNA 속에 내가 있고
나의 자녀와 손자가 태어났으니
생명나무에 꽃을 피우게 하는
어머니 아버지의 젖줄은 포물선이다

일제시대에 결혼하신 어머니 아버지는
자녀를 다산하고 조부모를 봉양하며
우여곡절 많았던 보릿고개 시절에도
완도바다의 양식과 논과 밭에 몸을 녹여
가정을 살리신 고뇌 속에
하늘의 별이 되신 어머니 아버지께
은혜와 사랑을 감사 하나이다

우주만물이 오묘하게 포물선을 그린
하나님의 근원은 곱게 피어나는 빛깔
사랑으로 시작되는 점하나의 별이라고

이서영

창작동네 영상시집

시화 전양우

시인/소설가/수필가/시낭송가/시창작 교수 웃음컨설턴트
서울 성동고등학교 졸
동국대학교 사범대학 국어교육학과 졸
서울 상명여자중고등학교 국어교사 및 문예전담교사 20년
월간 한국문단 부이사장
계간 현대시선문학사 창작분과회장

2012 청계시사문학상 대상
2013 청계천백일장 장원
2013 서울시사문학상 시부문 대상
2014 문학일보 신춘문예 대상
2016 한국의 정형시문학상
2016 "낭만시인" 칭호 인증
2018 맹골문학상 대상
2019 창조문학신문 문학상
2019 한국작가대상(시부문)
2020 제3회 안정복 문학상 대상
2023 제3회 아차산 문학상 대상

정지

낭송 김성천

한사코 매달리는 눈먼 빛
날개 기대 시간을 엿보는 사이 겨울을 탄다
육중할수록 가벼운 비현실 소란은 침묵이다
가고 옴 구분없이 아우성치는 왕성한 욕심

빈 마음 언행 뒤에 만개한다
무심한 열정 반개하는 백색에 숨고
구름아래 하늘이 겸손한 것은 너무 하얀 때문이다
빛에서 태어난 꽉찬 삶은 무색으로 돌아간다
몸부림을 일상에 던지고 태연한 커피
깃대끝은 바람 없어도 펄럭인다

물은 끓어도 눕지 않는다
편안하고 아무 일 없는 것은 개미 낮잠탓이 아니다
베짱이가 씻은 쌀 엎질러도 여유있기 때문이다
해거름은 한낮부터 대꾸가 없다
바람은 부르지 않아도 이미 칭얼댄다

여름에 눈이 오는 건 주인이 없기 때문인데
해지는 줄 모르고 실뭉치 부둥켜안는 고양이
생각할수록 머리만 커져 낮달이 된다

매화

꼭 할말
목에 걸려
숨소리도 하얗구나

새벽에 일어나서 온종일 애태우니

가득한 하얀 서리가
봄볕에도 안 녹네

전양우

눈·1

간밤에
흰 나비떼
하늘을 덮었더니

의자에 먼저 앉아 자리를 안 비키네

세상이 온 가족이니
눈 치우라 못하네

조팝나무

배고파
좁쌀 닮은
작은 꽃 피어나니

지나는 길손마다 발길을 잡는구나

땅에서 팍 솟아나는
하얀 불길 아니냐

전양우

구경꾼

열정은 모든 음식에 탐욕하고
파워는 넘치나 아무데나 힘 쓴다
원점의 결산

선뜻 손이 가지 않기도 하거니와
손에 든 걸 놓기도 아까버서 쳐다보고 재보고

흑백기록 돌려 보듯
흐르는 세계는 검불처럼 낯설다

미등

너무 오래 켜두었습니다
낮에 어슴어슴 하더니 밤엔 한발짝도 떼지 못했습니다
심안을 열자더니 세상만 모호합니다
육체인지 정신인지 습관이 터덜터덜 시간을 긁어 갑니다
먼지 낀 유리는 벌레똥 치울 생각마저 잃은 것일까요

확실하게 말도 못하면서 욕심만 끊임없이 지킵니다
브레이크 삭제된 채 길 쫓느라 해가 지는 줄도 모릅니다
시끌시끌 옹알이만 쉼없이 중얼댑니다

니가 없이 혼자 마시는 커피는 그저 달큰한 음료
안 마셔도 되는 그런 거더라
새벽부터 교회 가서 저녁까지 바쁘니 보람찬 듯하지만
그냥 정신없이 하루 잃어버린 거 아니니

전양우

노예

인간은 천사도 될 수 있고 악마도 될 수 있댔어
둘다 인간이 아니라는 거지
둘다 가지고 있지만 몰빵은 안되는 거야
사람은 끝까지 춥거나 환장하게 더우면 견디지 못해
온대가 가장 살기 좋다고 하잖아

천사와 악마는 불치병 환자
육체를 없애면 천사가 되고
정신을 버리면 악마가 되지
천사와 악마는 결혼을 못해
육체의 노예가 되면 넘 더러워져 사람이 아닌 거 알지
한발짝 인간탈 벗으면 두발짝 짐승이 되어 가는 거야
정신의 노예가 되면 넘 깨끗해져서 인간을 벗어나고
더욱 성결해지면 사람에서 멀어져 병들어가는 거야

꽃돔

오리무중 뱃속에 여지없이 산란하는 야생화
보고있어도 미열은 알아채기 어렵다
어디서도 잠자는 바람 날숨까지 없다

별빛 다소곳한 호수로 파르르 우는 안개
울컥 쏟는 칸나의 심장 날갯짓하는 성애
돔은 고개가 특히 먹음직스럽다
달밤에 더욱 하얀 조약돌

투망은 여전히 헛손질
쳐다보면 연기 다가가면 나무
빛이 가까이 오면 어둠은 스스로 물러나는 법
어둠은 흔적없이 스며들고
눈은 부릅떠도 찾을 수가 없다

전양우

눈·2

멋진 상품을 벌여도 시골 흙탕 물고기 눈 뜨든말든
앞을 못 보는 건 길가 나무들도 마찬가지
으리으리 먼지집 들판에 버려진다
난장 피난민처럼 녹슨 양철 덮은 헝겊 바람처럼 나부낀다
니가 오는 거와 내가 가는 건 같은 거지
높은 곳에 빨래를 널은 거는 거만 떠는 게 아니고
아래서 살 수 없기 때문이다
매일 노는 자에게 휴일은 필요없다
기암괴석만 절경 아니고 더운 나라에선
흙탕물에 하염없는 수목도 절경이다
수상가옥에도 꽃은 피고 빨래는 지천이다
무허가가 법인 곳에는 물 냄새가 당연하다
도로를 벗어나지 않는 한 앞질러가도 마찬가지
시야만 흐려지고 사물만 세상만 지고 바람만 더 세질뿐
속도가 빠르면 스스로 바람을 만든다

옥빛 당의

차리리 말을 하지 말아야 했습니다
마냥 신기해서 아무것도 볼 수가 없었습니다
하루를 잃어버렸는데 종내는 영혼까지 찾을 수 없었습니다
연꽃이 필 때 꽃만 보고 와야 했지 말입니다
미련 때문에 향기까지 맡게 되었습니다

하늘 가득 오로라는 붉은 낙조가 되었습니다
황홀한 꽃은 관념처럼 차분해지고
강렬한 양귀비는 아득한 적벽으로 다가섰습니다
해일이 파도를 쓸고 가면서 기절은 순식간에 일어나고
무인도에 홀로 익은 선도 향기가 잠을 깨웁니다
망초꽃이 파도처럼 물결치고 별들은 눈꽃처럼 춤을 춥니다

아직은 손이 그나마 따뜻하지 말입니다
죄없는 손가락을 아프지 않을 만큼만 물어 뜯으면서
바람이 기분 좋을 만큼만 부는 가을 들녘에
풀냄새를 깔았습니다
원래 태어난 곳으로 떠나가는 열정을 못 이기듯 놓아줍니다
나무가 친구처럼 속삭이는 숲길을 가는 걸까요
수평선 타고 멀어지는 겨울을 따라 갈까요

호수로 쏟아지는 바람을 팔짱끼고 가는 지 모릅니다
그냥 하얀 눈밭을 스키 타러 가는지도 모르지 말입니다

전양우

창작동네 영상시집

우보 정성주

시인. 작사가
㈜우보산업개발_대관령산업개발(주) 회장
현대시선 2009년 겨울호 시로 등단
아차산 문학상 추진위원회 회장
한국문인협회 27대 28대 인성교육위원
한국음악저작권협회 정회원
제1회 청룡문학상 수상
제10회 한국감성대상 수상
저서_제1집 그곳에 가면 그리움이 서 있을까
　　　제2집 에덴의 부재
　　　제3집 기다림의 의미
　　　제4집 그리워할 수밖에 없는 너
작사_가슴詩린 발라드 1~7집 모래성 외 다수
시비_덕평공룡수목원 (2022)
　　　용인농촌테마파크 (2023)
　　　광주상림수목원 (2023)
동인지_정설연 시낭송집 참여.수레바퀴 외 다수
시화전_광교호수공원. 아차산. 전곡항. 기흥호수공원. 경주흥무공원.
　　　용인농촌테마파크 외 다수

오는 봄 가는 봄

낭송 정설연

꽃잎이 하나 둘 피어나고
사람과 나비들이 모여
이쁘다고 소곤소곤 노래하네

봄 새 한 마리
활기찬 날갯짓이 가볍네

연분홍 영혼들이
추억 앓이 하는데
절절한 애달픔만 흐르네

바람을 질주하는
꽃들의 전시장
싱그러운 꽃향연에
계절은 달리고 있네

어둠의 터널에 서면

멈추지 않는 인생 열차
꿈으로 달려온 세월 앞에는
긴 여정으로 채워지는
청룡열차의 끝없는 깃발이
우리의 현실이 다가와 있었다

시련의 아픔들 딛고
수 없는 눈보라 길을 걸으며
긴 터널의 사계를 수없이 지나며
웃음으로 행복했었다

시간 속의 이별은
새로운 꿈과 희망이라는 것을

정성주

대관령 언덕의 하얀집

초원에서 살랑살랑 부르는 손짓
상쾌한 하늘색의 조화
바람은 나를 안고 부딪치며
어디론가 떠나갈 채비하고 있다

눈에 벗어나지 않은
하얀 언덕 위에 하얀집
우리의 관계를 만들어 준다
그 행복감을 이렇게 적는다

인연, 고결한 사랑은
세월이 지나도 사라지지 않는
영원한 순례자이다.

장마가 시작되니

장마는 시작되었다
산사태 뉴스가
쏟아져 나왔다

사각지대에 놓은 안전 불감증
가슴에 묻고 살아야 하는 현실
얼마나 충격이 클까

부주의로 만들어진
사회풍토가 만들어 질때
우린 행복을 누릴 것이다.

정성주

초록의 진심마저

초록으로 물든 숲에서
진심 어린 빛으로 반짝임을 보았다

사회는 내란음모 등으로 진통을 겪는다
연거푸 들리는 소식들 혼란스러운 더위다

지역 발전에 도모하라고 뽑았더니
사건 터지면 으레 따라다니는 돈뭉치

인생의 전략도 초라할지언정
자연의 이치에 따라 산다는 것을 배운다.

빈집

건축가는 빈집을 보면서
설계하고 수많은 장식을 그리곤 한다

글도 건축하듯
수없이 뜯어 고치며 수리하듯
문장을 다듬지만
건축도 빈집을 놓고
수 없는 설계를 준비한다

집이 마무리되기까지의 인내
성취로 이루워지는
수 없는 별들의 전쟁처럼
마무리되는 생존의 법칙들이다.

정성주

홀로 사랑하는 법을 배우며

홀로 사랑에 빠지면
실천까지는 오랜 시간이 걸리지 않았다

사랑을 피해 도망치는 것이 아니라
겁 없이 질주하는 나의 영혼의 사랑은
비바람을 동반한 태풍처럼 거세기만 하다

사랑은 돈과도 집결이 된다
갖고 싶은 소유욕에서
100m 앞도 보기 힘든 험난한 고지가
기다리고 있다

끝까지 희망의 끈을 놓지 않고
안아 줄 수 없는 세월을 보며
묵묵히 투덜대는 발걸음에
부연 설명해 주는 변명이 늘어난다

내가 힘들면 산으로 간다

풍성한 저 숲을 보며
산새와 절개를 놓고 밑그림이 그려진다

한여름 채소밭에 채소를 가꾸며
풍성해지는 밥상을 보면서 즐거워하듯

땅에서 풍기는 냄새가 좋다
자라는 나무와 자연이 주는 의미
이 속에 나의 진정한 삶이 있다

내실보단 내면이 중요한 시기
나무뿌리가 흔들리면 나무가 자랄 수 없듯
좀 더 높은 곳을 향해
도전하는 것도 좋을 것 같다.

정성주

사회에 대한 편견

미리 보지 못하는 세월의 한계
심리적 구조를 벗어나지 못하고
갈등에 사로잡혀 방향을 바라본다

우린 특별함에 벗어나지 못하고
관심을 저버리고 소외된 사람의 보살핌이
한계에 부딪혔는지도 모른다

시대적 우울증은
쉽게 정리되는 것이 아니기에
소중함을 깨우쳐 보지만
뉴스나 나와야 정책을 놓고 논하는 사회
사회의 비판의 목소리 보다
구조적 문제를 해결해야 하는
실천이 중요한 시기이다.

봄 편지

꽃을 찾아온 나비는
가슴에 바람을 녹여
영혼의 세상을 만든다

빛의 계단을
밟고 오르면
영혼을 만나는 시간이다

땅과 하늘이
부딪혀 내는 생명의 기원
봄 편지에 쓰는
나와 나의 사랑이다

정성주

창작동네 영상시집

정원 주효주

- 경북 포항 거주
- 문학愛작가
- 현대시선 시 부문 신인문학상 수상
- 공저 (수레바퀴9)외 다수
- 공저(문학愛)다수
- 수원광교호수. 용마산. 광주상림수목원. 덕평공룡수목원. 기흥수변공원.
- 소래포구 축제 가을시화전. 경주흥무공원. 용인농촌테마파크 참여
- 가람 서정우. 시화전 참여(목판、석판)
- 수레바퀴 34인의 감성 앤솔러지 참여
- 저서.〈새벽을 여는 여인〉

봄처녀

낭송 김성천

바람꽃 흩날리고 날이 길어지는 봄
가슴에도 꽃이 피고

바람 따라다니던 꽃잎들
옛 고향 마을에 앉아 소식 전하네

노오란 산수유 꽃 오렌지빛 안았고
햇빛도 배회하다 같이 물들었네

봄비 그대는
나비 되어 나풀 나풀

나는야 화관 쓴 꽃처녀 되어
깊은 꿈에서 깨고 싶지 않아라

동그라미

주었던 사랑을 고스란히
내가 받네

지나치게 기분을 팔면
슬퍼질 때도 있지만

눈을 살짝 감고
넘겨버리는 지혜를 가졌으니

깊은 맛을 나누다
남겨진 소담스런 꽃바구니가
내게로 오네...

주효주

당신께 물들어 버린

안에서 밖으로 또 그 안에서 밖으로
그림자도 스며들지 못하게 꼭 잠근 채

하얗게 부서져 내리는 달빛을 이정표 삼아
당신께 향합니다

애틋한 사랑을 마주하는 사실들 앞에서
비우지 못하는 그라데이션

당신 품에 꼬옥 안겨
코끝에 스미는 익숙한 냄새를 이렇게 불쑥,

어찌 잊겠어요
여전히 짙고 깊어지는 걸요

사랑을 시작한 봄
밸런타인데이와 화이트데이

사랑이 머무는 사이로 앵글을 맞추고
머릿속 지도를 펼쳐내어 그 안에서 답을 찾습니다
진한 사랑이 봄바람처럼 따스하게 내리네요

그 사랑 앞에 무릎 꿇고
당신에게 분홍빛으로 물들어 버립니다

길목

비스듬하게 방향을 틀고 사는 듯한
절절한 사랑과 숨 막히는 갈증

걸신들릴 듯
밤을 꼬박 새우며 옆구리를 쑤셔대는 통증

화가 '뭉크'를 닮은 듯한
위험한 수수께끼를 풀어보려고
퍼즐 조각과 동행해 보았다

섬세하고 서스펜스처럼 반전을 기대하며
매혹적으로 내게 다가가 보았지

현기증이 나 매슥 걸렸지만
어떤 거에 도전한다는 절규가
심장을 두근거리게 만들었고 눈이 반짝 빛났다
결국 나를 달래기 위한 걸작이었다

이내 꽃씨를 뿌릴 봄이 오는 길목
꽃은 피었다

마음속 마음에게……

주효주

어느 시인의 선물

방충망에 빗방울이 조롱조롱
솔방울같이 걸려 정겹습니다
비 많이 내리는 날은
고운 찻집에 있거나
아니면 정돈된 내 공간에서
선물로 보내준 어느 시인의
고운 시집 꺼내 맛난 시어 찾아
행복을 키우면 어느 것도 부럽지 않지요
아니면 진짜 고독해도 좋아요
맛나게 씹으면 되니까요
사랑하고 있는 거예요
이 모든 것은 내 마음의 진심을 담아
여러 빛깔의 사랑을 표현해 드리는 겁니다
사랑합니다

봄이 준 선물

마음은 스산한데 꽃잎에 물들고
휑 한 가슴 쓸어내려 꽃잎에 앉으니
꽃이 말하네요

이젠 봄이니 나풀나풀 나비 되어
꽃잎처럼 자유로워보세요

자유로워지니 가슴이 콩닥콩닥 설렘이 듬뿍
하늘에는 봄도 한 가득 내리고

별빛처럼 햇살이 내리니
꽃들이 햇빛 앞에 조롱조롱 앉았네요

햇살이 환하게 웃자
꽃들도 나름 나름 예쁨을 뽐내고

봄이 주는 따스한 선물 아래
스르르 눈을 감고
꽃이 되어보니 이내 꽃이 되었어요

바람도 잔잔하게 꽃잎을 간지럽히니
꽃과 여인은 호호 웃으며
앞동산으로 뛰어올라 꽃내음에 젖어봅니다

주효주

맑은 마음으로 살아보기

한세상을 살면서 드러나는 것만이
전부는 아니라는 걸 깨닫는 우리 명절 설
나만의 빛깔로 곱게 차려입고
그늘 뒤에 가려진 밝음을 찾아내고
앞치마 앞에 행복을 충전하며
땀 냄새 풍기니
이 모든 상황을 기쁘게 받아들이라고
앞치마 기름때가 속삭여줍니다
남은정 주저 앉히려고 눈치 보는 이 있지만
깨끗한 겨울나무가 되어
오히려 갈 길 가도록 환히 비춰줍니다
떠난다면 떠나는 게 좋습니다
애원할 필요 없이 그냥 깔끔하고 기품있게
바라보면 될 일입니다
진정한 이는 내 앞에 있습니다
눈부신 아침 햇살 아래
내 곁에 정겹게 있는 이들이 소중합니다
가깝게 동행하기로 한 이들
눈같이 하얀 마음 참으로 맑게 보입니다
아름다운 이웃으로 문은 항상 열어두겠습니다

추억은 아름다워

우두커니 창밖을 바라보니
지금이라도 당장 뛰어가고 싶은 곳
아른거리고
내 편 되어 바람막이로
든든히 있을 때
그때 사랑한다는 말 한마디가
그렇게 어려웠을까
감정은 아직 이렇게 뭉클하고 아름다운데
어느 날 눈 맞추어 웃는 날이 온다면
그땐 하나의 길이 생겨
못했던 그 한마디 가뿐하게 할 수 있겠는데.
그날이 기다려집니다
그날이 안 오면 어쩌지요
내가 그대의 하늘이 되어
밤이면 뜨는 달이 될 수도 있겠건만
안부도 물을 수 없어
내 심경을 전하지도 못해 애석하네요
지나가는 키 큰 사람이 다 당신으로 보이네요
잘 지내는지요
보고 싶네요.

주효주

여인 봄에 반했네

겨우내 잎 없이 휑한 화분
새 순 돋고 꽃이 피니
그리웠던 것 희미해지고
빛인지 어둠인지 분간 못하게 황홀하여라
베고니아의 웃음 속에
대지 속. 눈도 못 뜨고 있는 생명들은
내 사랑으로 감히 바람에 날려 보낼
꽃 열매까지 열리게 하리라
꽃들의 산홋빛 웃음 속에 나 있고 봄도 가득하다
하얀 비 내리면 뺨을 내 놓고 눈 감아 버릴까
입맞춤할 거 생각하니 벅차오르는 심장
자리 못 찾고 뛰기만 하니
부끄러워라 이 철없는 여인.

꽃씨

꽃씨들 노래 부르고
어디서는 눈 소식 야단이네
꽃 농사 준비 분주한 여인
저마다의 모습으로 빛을 밝힐 꽃씨 뿌리려
기상예보에 귀 기울입니다
들판에 묻혀있는 꽃씨들은 이미 기지개켜
변치 않는 생명 속으로 돌아올 준비에
뭍 꽃씨들 서로 다투어 빛을 발하고
새싹들 발밑을 간지럽히니
꼬물이들 서로 손잡고 싹 틔우기에 바쁘네
하늘 밑 푸른 바다도 가슴을 열고
손끝에서 나는 바스락 소리에
햇빛이 가랑이 사이로 얼굴 쏙 내밀고.
저만치 피어있는 민들레
친구 찾아 이른 봄바람 타고 날아오다
그만 목적지 닿기 전
어느 땅 위에 앉아 예쁨을 뽐내고
이내 이곳도 민들레 가족 모여와 터를 잡고
아름답게 꽃피웠네
모두 한 가족의 평화가 곱게 내리니
곧 온통 꽃밭이 되더라

주효주

창작동네 영상시집

솔체 장정희

시인, 화가
이화여대 독문과 졸업, 홍익대학교 대학원 실기전문과정 수료
2007년 계간 현대시선 시부문 신인상 수상 등단
2022년 현대작가 대상 수상
2022년 제7회 시동네 문학상 수상
개인전: 5회(인사아트프라자, 인사아트센타, 동경주일 한국문화원)
부스전: 아트와우이즘(라메르 2021,) 서울아트쇼,
　　　　조형아트쇼(2017, 2018) 외 다수 부스전
단체전: 14회 아트와우이즘전,(인사아트센타, 갤러리 라메르등)
　　　　2007년 북경 현대미술전,
　　　　파린회전, 국가보훈협회전, 한국미술협회전외 다수 단체전
　　　　아트와우이즘 7대 회장역임, 현대시선 작가협회 부회장 역임.
현재: 현대시선 작가협회 고문, 아트와우이즘 운영위원, 한국미술협회,
　　　국가보훈협회등 회원
저서: 시집 그대 들꽃으로 피고
공저: 수레바퀴 외 다수
시화: 아차산. 광교호수공원. 무의도. 소래포구. 경주흥무공원.상림수목원
E-mail : hayn2001@gmail.com

바위의 봄꽃

낭송 정설연

봄이 가까이 다가왔다
살포시 살랑거리는 봄바람이
흔들어대는 꽃망울에 봄기운을 돋아주면
새가 하늘 위에서 즐겁게 춤추며 날아다닌다

땅에는 냉이 꽃들이 하늘하늘 거리고
봄기운이 살짝 바위로 스며들면
겨우내 움츠렸던 기운이 기지개를 활짝 펴고
바위에서 꽃을 피우니
바로 동강할미꽃이어라

생명의 생기가 바위에 흐르고 흘러
빗물을 마시며 바위의 자양분을 먹고
나즈막히 싹을 트고
보랏빛 겸손한 꽃을 피운다
바로, 바위 위에 핀 꽃처럼
반석에서 물도 나고 싹도 트며
생명을 화알짝 꽃으로 피운다

바닷가 정원

차고 매서운 바람이 부는 바닷가 정원
세상에서 뜯기고 상처 입은 마음들을
부서지는 물결 속에 사라지고
흔적하나 남겨두고 떠나간 파도 뒤엔
갈매기가 남기고 간 발자국이 있다

가슴이 미어지는 상황의 아픔 속에서
마음에 흐르는 눈물을 닦아내며
두 손 모아 기도한다

세월이 흘러도 지워지지 않은 상처가

바닷가 정원에
울음 우는 눈물꽃으로 피면
어루만져 주시고 새로운 피부가 돋아나도록
닦고 또 닦아주는 손길이 느껴진다

장정희

솔나리 연가

깊은 산중에
오롯이 피어난 분홍빛 솔나리
심금을 울리며
살포시 고개 들고 부끄러운 듯이
화안한 얼굴을 하고
반기는 모습에 가슴 설레인다

긴 시간을 달려서
오랜 세월을 스치듯이 지나간 순간
분홍빛 새악시의 볼을 타고 흐르는 미소
고개를 살포시 들어
사알짝 미소를 짓는다

만남의 기쁨은 이런 것
잠시 스치고 지나가는 인연이지만
다음을 기약하며 그리움 가득 담고
만난 기쁨은 사랑의 마음
우리의 인연도
살포시 다가간 마음과 마음이
그리움을 담고 빛을 담고
만나는 인연이라 더욱 소중하다.

상고대의 눈꽃

햇살 가득한 곳에 반짝반짝
하얗게 뿌려지는 상고대에 핀 눈꽃
파아란 하늘에
눈꽃 길을 걷는 행복은 추억의 길
그리움이 눈꽃 사이로 피어오르면
어린 시절 뽀드득 눈길을 걷던
눈 위를 뒹굴어도 보고
눈을 던져보기도 하고 하늘로 뿌려지는
하얀 눈꽃은 동심 어린 추억의 꽃

미소 가득 품고 즐거워하는 사람들
마음은 동심으로 가득하고
눈꽃 마음 어린이 마음
행복 가득한 마음에 내린 눈꽃은
인생의 쓴맛을 가려주고
보듬어주는 숭고한 마음의 꽃이다

장정희

분홍노루귀

바다가 펼쳐지는 곳에 햇살 비추는 언덕
빛나는 햇살을 머금고 피어난 꽃
솜털 보송보송 분홍노루귀

가녀린 꽃대에
노루귀를 쫑긋거리고
햇살을 솜털에 담아
바람 불어도 가녀린 꽃대를 지탱하며
사랑스런 노루귀는 봄의 기운을 뿜어냈다

겨우내 모진 바람도 견뎌내고
솜털 보송하게 피어난 노루귀처럼
분홍빛 사랑 가득
환하게 이 시대를 이어 가리
모든 이들의 마음속에 사랑의 빛으로
환하게 세상을 비춰 주리라

변산바람꽃

겨울을 뚫고 나오느라
흰 눈을 살포시 이불 삼아
덮어 포근한 듯한 변산 바람꽃
마음을 설레어 찾아간 곳에
피어난 이른 봄의 전령사
희망을 가슴에 가득 담아
희열을 주는 변산바람꽃이
하늘하늘 거리며 나를 반긴다

이제 봄이 왔구나
봄을 알려주며 다소곳이 하얗게 피어
마음을 환하게 비치니 어이 아니 기쁜가

아쉬운 마음을 뒤로하고
떠나는 발걸음
그대 변산바람꽃이 있어
가슴 한켠에 소망의 등불이 켜진다

장정희

봄빛 같은 그리움

봄 햇살에
반짝거리는 연한 연두색 잎처럼
희망이 솟아오르고
맑고 투명한 계곡의 물처럼
겨울을 깨우며 힘차게 흘러내리고
잔잔한 아지랑이 아롱거리는 포근한 느낌
봄빛이 그리움 되어 마음에 다가온다

투명하고 청명한 햇살처럼
살랑거리며
얼굴을 간질이는 바람처럼
산소를 호흡하듯이
바라보는 그리움

민들레 갓씨 되어
바람을 타고 날아오르면
향긋한 미소를 지으며
살포시 그대 곁에 머무르고 싶다

봄의 합창

화창한 봄이 되었다
하이얀 벚꽃의 기운이 온 세상을 덥고
연한 싹들이 저마다 생명을 솟아낼 때
봄의 소리가 새소리처럼 여기저기 들리는 듯하다

꽃들로 말하는 봄
봄의 대지에 몸부림치는 온갖 종류의 꽃들이
하늘 향해 봄을 향해
있는 힘을 다해 형형색색의 절정을 쏟아낸다

화사한 꽃들이 곱디고운 소녀들처럼
환하고 고운 자태를 드러내면
우리 마음에도 봄은 샘물 솟듯이 찾아온다

나비처럼 날듯이 몸짓으로 말하는 봄의 합창이
아련한 그리움과 희망을 노래한다

장정희

레드우드 숲의 나무들

하늘을 향해
활짝 뻗은 잎으로 호흡하는
나무는 말한다
햇빛을 사랑한다고
나무는 커다란 햇살을 온몸으로 받아들인다

세월이 흘러 나무는 감당 못 할 정도로 자란다
나무의 마음이 되어
커다란 아름드리나무를 감싸안으면
마음속에 울림이 있다
나무도 떨리고 나도 떨린다
서로의 소통으로 하나가 된다

나무가 순간의 삶을 사는 작디작은 나를 위로하는 듯하다
마음으로 들어야 들린다
깊고 짙은 녹음이 울창한 삼나무 숲을 걸으며
나무가 말하는 소리를 듣는다

*레드우드 숲 −뉴질랜드에 있는 유황 숲

경이로운 자연의 경관

하이얀 구름이 뭉게뭉게
피어오르는 나라
파아란 하늘에 햇살 사이로 빛나는 초원
초원 위에 유유히 풀을 뜯는 소와 양들
코끝으로 전해오는 자연의 향기가
마음을 울린다

그리운 고국의 향기를 뒤로하고
배를 타고 달리는 산들의 모습이
눈앞에 장관을 연출하니
울컥 솟아오르는 창조에 대한 기쁨이
마음을 흘러 녹아내린다

시원하게 불며 스쳐 지나가는 바람이
마음을 시원케 하고
눈앞에 펼쳐진 자연의 경관 속에
녹아있는 달콤한 산소 향을 맡으며
인생의 행복이
자연의 경관에 묻어나고
경외감으로 창조자의 기쁨에
참예하는 기쁨을 맛본다
  *뉴질랜드를 방문하며

장정희

창작동네 시인선 185

봄날의 연가

초판인쇄 | 2024년 7월 10일
지 은 이 | 이현천 외10인
편 집 장 | 정설연
펴 낸 이 | 윤기영
디 자 인 | 정설연
펴 낸 곳 | 도서출판 노트북 **등록** | 제305-2012-000048호
주   소 | 서울시 동대문구 사가정로 256-4 나동 101호
전   화 | 070-8887-8233 **팩스** | 02-844-5756 **H.P** | 010-8263-8233
이 메 일 | hdpoem55@hanmail.net
판   형 | 신한국판형 135-210_P144

ISBN 979-11-88856-86-2-03810
정 가 13.000원

2024년 7월 **봄날의 연가** 11인의 영상시집

한국 현대시[韓國現代詩]

*잘못된 책은 교환해 드립니다.
*저자와의 협의로 인지는 생략합니다.